AF340834

ORDONNANCES
DV ROY, SVR LE FAIT
de la Marine & Admirauté.

Publiées en la Court de Parlement à Rouen, le vingtiéſme
iour de Iuillet mil cinq cens cinquante ſept.

*Auec l'Arreſt donné ſur ladite publication
& Modiſications de ladite Court.*

A ROVEN.

DE L'IMPRIMERIE,
De MARTIN le MESGISSIER, Imprimeur ordinaire du
Roy, tenant ſa boutique au haut des degrez du Palais,

AVEC PRIVILEGE.

1612.

HENRY par la grace de Dieu, Roy de France, A tous presens & aduenir salut. Comme par cy deuāt ayent esté faites de bonnes & notables Ordonnáces sur le fait de l'admirauté de France, & reiglement des affaires de la Marine de Ponāt, lesquelles sont tresmal obseruées. Pour ce qu'en aucuns articles d'icelles y a des clauses trop greuables & confuses, qui requierent plus ample declaration & specification de noz vouloir & intention : & les autres sont couchez en si briefz termes si obscurs & mal intelligibles qu'il y fault interpretatió & extension, pour y donner plus claire intelligence, & rédre capables ceulx qui les doibuét obseruer, de ce qu'ils ont à faire pour n'y contreuenir. Parquoy apres auoir fait

A ij

voir en noſtre Conſeil priué leſdits articles, auec certains memoires concer-
nãs tant les declaratiõs & ſpecifications
qu'il eſt beſoing faire ſur leſtermes trop
generaulx & confuz d'aucuns articles
de noſdites ordonnances, que pareillement ce qu'il fault extendre, augméter,
& amplifier és autres clauſes d'icelles:
oú bien ſur les poincts qui ont eſté ob-
mis, afin qu'il n'y ayt plus de diſpute ne
difficulté, à l'obſeruation & entretene-
ment d'icelles ordonnances, ſelon noſ-
dits vouloir & intention.

NOVS par aduis & deliberation de
noſtredit conſeil priué, ou ſe ſont trouuez aucuns Princes & Seigneurs de noſtre ſang & lignage, & autres grands &
notables perſonnages, Auons par ces
preſentes de noz certaine ſcience, plei-
ne puiſſance & auctorité Royal par
Edict perpetuel & irreuocable declaré,
ſtatué, & ordonné, declarons, ſtatuons
& ordonnons ce qui enſuyt.

PREMIEREMENT pour euiter
aux inconueniéts qui suruienent chacun iour pour le mauuais debuoir que
les maistres de nauires, Pillottes, Canó-
niers, & autres officiers & mariniers,
ayants prins soulde singlage ou loüez
par prix fait auec les capitaines, maistres quarseniers de noz vaisseaux, &
autres de noz subiectz pour faire voyages en mer. Ont iusques icy fait & font
ordinairement, de ne se trouuer au iour
qui leur a esté limité par leurs chefz, au
port & Haure ou l'embarquement se
doibt faire. Dont souuét pour retarder
d'vne ou deux marées, ou bien pour ne
se vouloir embarquer sans qui leur soit
baillé argent pour payer aucunes folles
& inutiles despenses qu'ils ont faites en
terre, ou pour laisser à leurs femmes. Et
d'autresfois pour abádonner leurs nauires, soubz vmbre q̃ lesdits nauires re-
laschét en aucús ports, Haures, ou Rad-
des estáts sur leurs voyages, pour recou-

urer aucunes neceſſitez dont ils ont beſoing : ou par tourméte de téps. Leſdits
officiers mariniers & ſoldats deſloyaux
& plains de mauuaiſe volonté, qui ctent
& habandonnent iceulx vaiſſeaux ſans
congé, qui eſt cauſe que par faute d'hó-
mes eſtáts les mueſons de vent toſt paſ-
ſées. Au moyen dequoy pour auoir le
temps propre auec grand mer pour ſor-
tir des haures , leſdits voyages ſe retar-
dét & demeurent imparfaits , au grand
preiudice & dómage de nous & de noz
ſubiectz qui arment leſdits nauires à
grands fraiz. Pour ces cauſes à ce voulás
pouruoir nous auós ordóné & ordonnons, que voulát vn chef capitaine ou
maiſtre de nauire faire voyage en mer,
il ſera tenu auant ſon partement bailler
à noſtre Admiral, Viſadmiral ou Lieu-
tenát de l'Admirauté, au lieu d'ou par-
tira le nauire, les noms, ſurnoms, & de-
meures de tous leurs officiers, ſoldats &
mariniers par roolles ſignez d'eux & q̄

tout maistre de nauire, pilotte, canon-
nier, soldat & autres dudit equippage
ayants prins soulde, singlage, ou s'estâts
loüez par prix fait & arresté, pour faire
la guerre aux ennemys, descouurir ter-
res & pays estranges, ou voyager pour
le fait & trafficque de marchandise, seront tenuz eulx retirer sans aucune semonce au iour qui leur aura esté ordóné par leurs chefz de s'embarquer, &
d'aider à charger les viures, mettre le na
uire en furain & en radde, & l'y conser-
uer, sans pour ce demáder aucune auá-
ce auant leurdit partement, s'il ne leur
auoit esté promis en leur baillant ledit
singlage, ou en les loüant à prix certain:
Mais seulement sera payée la despése de
ceulx qui mettrót lesdits nauires en furain, & chargeront lesdits viures, d'au-
tát d'hommes que ledit chef en voudra
prédre: à raison de quatre sols tourñ. par
iour. Ou bien seront tenuz lesdits officiers & mariniers eulx contenter de la

nourriture qui leur sera baillée dedans
ledit nauire, qui sera pareille qu'ils ont
accouftumé auoir en la mer. Et durant
tout le voyage & iufques à la perfectiõ
d'iceluy, lefdits maiftres officiers, foldats & mariniers n'abandonnerõt ledit
nauire : encores que relafchãt en quelque port & haure par tourmête de tẽps
ou pour recouurer autres neceffitez dõt
ils auront befoing. Mais feront tenuz à
leur pouuoir de remettre ledit nauire
hors & acheuer le voyage & entreprife
fans les quicter, fi ce n'eft par le congé
de leur Capitaine ou principal chef,
qu'ils feront tenuz prendre par efcript,
pour le monftrer à leur retour à noftre-
dit admiral ou vifadmiral, ou Lieutenãt
de ladite admirauté, au lieu delà ou fera
party ledit nauire ou mariniers : & ce
foubz peine de la vie, & cõfifcation de
tous & chacũs leurs biens. Sur ce preal-
lablemẽt prins & fatisfaits les dõmages
& intereftz de celuy ou ceulx qui aurõt

armé

armé & auictaillé iceulx nauires. Et
quant à ce, auons les sentences & iugements qui sur ce seront donnez par les
Iuges de l'admirauté auctorisez, & auctorisons desapresent côme pour lors;
pour estre reaumét & de fait executez:
nonobstant l'appel: côme si cestoit Ar-
restz de l'vne de noz Courts souuerai-
nes: nonobstant l'erection & establis-
sement d'iceluy.

ITEM auons expressemét ordonné
& defendu, ordônons & defendôs que
nul tauernier ny hoste ne pourra pour
despense de bouche ou prest d'argent,
prendre en gaige ou par vente aucunes
hardes de soldats & mariniers: si ce n'est
par le congé du Capitaine du maistre
qui en aura respôdu, sur peine de perdre ce qui aura esté par lesdits Tauer-
niers & Hostes baillé & presté ainsi
que dessus, & de rendre lesdites armes
& hardes.

Et combien que par les ordonnances

de l'admirauté de l'an mil cinq cés qua-
ráte trois, article vingtcinqiéme, nous
ayós accordé aux bourgeois des nauires nos subiectz, le quart du butin des
prinses que pourroient faire leurs vaisseaux à l'aduenir, afin de leur donner
moyen de faire cóstruire de plus gráds
nauires, & iceux armer & fournir de
bonne artillerie & munitions requises
pour faire la guerre, encores que par le
passé ils n'eussent accoustumé d'é auoir
q̃ demy quart. Toutefois pour ce que
bié souuét il se trouue beaucoup de dif
ficultez & altercatiós entre lesditsbour-
geois & auictailleurs, entát que lesdits
bourgeois veulét bien souuét alleguer
qu'ils ne sont tenuz qu'à bailler leur
simple corps de nauire, auec l'artillerie
la bouche ouuerte, sans faire soultes à
mettre le biscuit, ne mettre en mer les
prouisiós qui leur sót necessaires pour
le radoub de leursdits vaisseaux & ba-
steaux, voulant tousiours s'aider d'vne

vſáce qu'ils auoiét auparauát que ledit
quart de butin deſdites prinſes leur fut
accordé. Dont eſt aduenu ſouuétefois
que voulát dreſſer vne entreprinſe par
aucuns particuliers, tant ſur noz naui-
resque celles de noz ſubiectz, elle a eſté
rompuë & delaiſſée, ſouz vmbre de telles difficultez. Pour leſquelles vuider &
icelles obuier, en eſtendant le contenu
audit article, nous auós declaré, voulu
& ordonné, declarons, voulons, ordónons & nous plaiſt, que chacun bourgeois de nauire ſera tenu fournir &
agrééʳ ſondit vaiſſeau bien & deument
d'artillerie, boulletz pinches, maches,
toiſes, coings de toutes ſortes, & aũtres
menuz vtencilles ſeruans à ladite artillerie, plób en platine, cuirs, vers, ſoultes
auirons, picques, arbaleſtres, planches,
brey, goutren, clou, fiches, cõpas orlo-
ges, plombs, & lignes à ſonder: & autres
choſes requiſes à porter en mer pour la
ſeureté deſdits nauires. Et les auictail-

B ij

leurs les victailles, pouldres, láces à feu,
faulses lances, auec les menuz vtécilles
defdites victailles:comme bidós, cor-
billós, láternes, gamelles, mánes, & autres chofes qui feruét pour vfer lefdites
victailles auácer les coffres de barbiers,
fuages, touages, lamanages qui fe leue-
rót fur la haulte fomme au double prix
le dixiéme eftant leué. Pareillement feront lefdits auictailleurs tenuz fournir
les deniers des finglagles & auaries rai-
fonnables, qui ferót faites pour la leuée
defdits equipages, que ils reprendront
au double prix fur iceulx, de la pi infe
ou prinfes qu'ils pourront faire.

Et d'autant que bien fouuent aucuns
foldats, mariniers ou officiers de marine, defirás rompre le voyage ou entre-
prinfe d'vn capitaine, ou maiftre qui
aura volonté de faire voyage pfitable
en la guerre ou marchádife, ont practi-
qué & practiquent de faire couller les
breuuages de nauire, pdre le pain, & fai

te faire eau à iceluy nauire secrettemét
pour auoir occasió de relascher. Aussi
q̃ bien souuent ils dressent mutations
& querelles alencótre dudit capitaine
ou maistre, luy disát parolles deshone-
stes & malsonnátes, auec iniures & im-
properes, iusques à le vouloir quelque
fois oultrager, mettant la main aux armes, le cótraignát se soubmettre à leur
simple vouloir, chose qui est de tres-
mauuais exéple, & pernitieuse conse-
quéce, laquelle ne se doibt aucunemét
permettre ne tollerer.   Et pour ceste
cause nous auons par ces presentes, dit,
declaré, & ordonné, disons, declarós &
ordónons, que doresnauát se trrouuát
dedás les nauires aucús desdits soldats
mariniers ou officiers faisans tellesin-
solences, mutinations, & autres crimes
& delicts de la qualité dessusdite: lesdits
capitaines & maistres d'iceulx nauires
aurót pouuoir. Et entant que besoing
seroit leur permettons & auctorisons,
B iij

qu'auec la force des armes ils fe puiffét
rédre les plus forts. Et par aduis & opinió de fept des principaulx, & officiers
du nauire & vaiffeau ou telles chofes
aduiendront, ou bien s'il y a compa-
gnie de nauires, Par l'aduis & opinió de
fept des capitaines ou chefs defdits nauires, proceder fommairement & de
plain, la feule verité du fait cognuë, en
faire faire la iuftice, punition, & corre-
ctió defdits delinquás, iufques à fenté-
ce de mort & execution d'icelle inclu-
fiuement. En defchargeant quant à ce
lefdits Capitaines & Maiftres qui les
aurót iugez, & fait executer, ainfi & par
la forme & maniere que dit eft.
Encores que par les contraires ordonnáces de l'admirauté il foit dit queayát
efté vn nauirede noz fubiects prins par
les ennemis, s'il n'a efté vingt quatre
heures és mais defdits ennemis, & qu'il
viéne à eftre refcoux & reprins par aucús de noz nauires de guerre, ou autres

de noz subiectz, il sera rédu & restitué auec tout ce qui estoit dedans:combié qu'il soit tout certain que sás ladite res-cousse faite par nostre nauire ou celuy de nostre subiect armé à ses despens, la-dite prinse fut entieremét demeurée à l'ennemy, qui la pouuoit aussi bié me-ner & códuire és pays des amys & aliez cóme aux siens, dót nous sommes par-deça si proches, que ledit ennemy peut auoir fait la trauerse de noz costes ma-ritimes iusques en ses Haures, en huict ou dix heures seulemét. Ce qui n'a peu estre mis en consideratió ny meuremét digeré par lesdites anciénes ordonná-ces. Parquoy voulons sur ce faire plus ample declaratió de nostre vouloir se-lló la raison & l'equité. Nous auons or-donné & ordónons par cesdites prese-ntes, en reformát quant à ce le contenu esdites anciennes ordónances, q̃ si de-dans douze heures apres qu'vn nauire de noz subiects aura esté pris de nostre

ennemy il n'eſt reprins & reſcoux , la
prinſe ſera & appartiendra à celuy qui
aura fait ladite reſcouſſe:& là ou auſſi
celle reſcouſſe auroit eſté faitededás le
dit temps de douze heures, le nauire de
guerre qui l'aura reſcouſſe & reprinſé,
en aura le tiers. Mais en tout euenemét
nous entendons ledit eſpace de téps de
douze heures , eſtre deuëment iuſtifié
ſans fraulde,à la conſeruatió du droiĉt
de qui il appartiendra.

Et pour autant qu'en faiſant prinſe en
mer par noz nauires,ou d'autres denoz
ſubieĉtz,pluſieurs ſe preſentent ſouué t
pour ydemáder part,ſouz vmbre qu'ils
veulent alleguer auoir veu prédre ladite prinſe, & oy l'artillerie durant le có-
bat : encores qu'ils n'ayent oſté l'occa-
ſion que l'ennemy ſe ſoit rendu pour
craincte d'eulx. Et afin d'euiter & obuier aux differends qui ſe pourroient
mouuoir ſur telles iniuſtes demádes, il
ne ſera loiſible à aucun nauire à qui ſe
ſoit

soit appartenant, de demander aucune
part & portion aux prinſes qui ſe ferôt,
ſi ce n'eſt qu'ils ayent combatu, ou fait
tel effort, que pour ſon debuoir l'ennemy ayt amené ſes voilles, ou bien qu'il
en ayt eſté en quelque partie cauſe. Dôt
les priſonniers ſeront creuz par ſermét:
ſi ce n'eſt qu'il y euſt promeſſe entre les
vns & les autres de partir des prinſes faites en preſence ou en abſence.

Ayant eſté auerty de pluſieurs abuz qui
ſe cômettent ordinairement par les calfateurs & charpétiers, au radoub & cal-
fats des nauires, dont ſouuent pluſieurs
vaiſſeaux ſont contrainĉts relaſcher &
perdre leurs voyages, d'autant qu'il n'y
a aucûs maiſtres, iurez ny gardes deſdits
meſtiers: & que les apprétifs ſont receuz
à beſongner au fonds du nauire qui eſt
le plus dangereux, que aux mortes œuures & tillats d'enhault. Nous pour obuier auſdits abus & à ce q̃ la loyauté en
ç'eſt endroict ſoit gardée pour le bié de

C

la chose publique. Auõs ordõné & ordonnons qu'en chacun port & haure y
aura maiſtriſe de charpétier & calfateur
& que nul ne pourra eſtre fait maiſtre,
que premieremét il n'ayt eſté apprentif
trois ans, & fait chef d'œuure en preſence des maiſtres & gardes qui y ſerót eſta-
bliz par noſtre Admiral, Viſadmiral, ou
autre perſonnage en ce entendu, que ledit Admiral y pourra cómettre, és lieux
ou luy & ledit ſieur viſadmiral ne pour-
roiét vacquer. En preſence duquel leſdits maiſtres & apprentifs feront le ſer-
ment à ce requis & accouſtumé. Et ne
pourrót leſdits apprétifs beſongner au
fonds deſdits nauires, ains aux mortes
œuures & tillats. Et quát les fóds d'iceux
nauires ſe prendront, l'vn desgardes dudit meſtier ſera tenu y aſſiſter. Et ainſi
que le calfat ſe fera, le recouurir, pour
voir s'il y a faulte: car s'il s'y en trouue a-
pres par ſa negligéce, nous voulós qu'il
ſoit puny corporellement: attendu que

souz la fiance de tels hômes, beaucoup
de personnes s'en vont, & mettét au ha-
zard de la vie. Et aussi sera tenu celuy à
qui appartiendra ledit nauire payer ledit garde de son salaire, à la raison de
sept solz tournois pour marée.

ITEM l'on nous a aussi fait entendre
q̃ lesdits charpétiers & calfateurs voyás
que pour nostre seruice ou d'vn parti-
culier, lon a besoing de recouurer grád
nóbre d'hommes de leur mestier, pour
construire vaisseaux ou faire le radoub
d'aucuns, ils ne faillent à rançóner ceux
qui ont à faire d'eulx, leur faisant payer
pour marée huict ou dix sols, ou autre
prix excessif: ce qui ne se doibt permettre ne tollerer. A ceste cause pour obuier
à telles induës exactions, Nous leur auós
limitté & limittons leurs salaires ainsi
qu'il s'ensuyt. C'est à sçauoir au maistre
charpétier & calfateur qui códuira l'ouurage depuis le xv. Ianuier iusques au
xv. Octobre, pour chacun iour dix sols
C ij

tournꝰ. Et s'il besongne aux marées pour
chacune marée six sols. A chacū des autres maistres charpentiers & calfateurs
sept sols par iour, & pour maree quatre
sols six deniers tournois. Et à chacū apprentif pour chacun iour trois sols six
deniers tournois. Et depuis le xv. Octobre iusques au xv. Ianuier audit maistre
cōduisant l'ouurage, huict sols par iour,
& par marée six sols. A chacun desdits
maistres charpentiers cinq sols six deniers par iour & pour maree quatre sols.
Auec defenses d'en prendre ny de leur
en bailler dauantage, souz peine de cent
liures tournꝰ d'amēde, à applicquer moi-
tié à l'acculateur & l'autre moictié à qui
il appartiendra, & à tenir prison fermée
iusques au plain payemēt: nonobstant
l'appel, & sans preiudice d'iceluy.

Et pour euiter au degast de boys que
fōt lesdits charpentiers en faisant la cō-
struction ou radoub d'vn vaisseau, dōt
aduiēt souuent de grāds conueniens, à

l’occasion de ce qu’ils admenuisent tel-
lemét les pieces debois qui leur sont de-
liurez pour employer à leurs ouurages,
afin d’en auoir les coipeaux, que iceulx
nauires vaisseaux en demeurét si foibles
que incontinét ils se courbét &arguent
de sorte, qu’ils s’assechent estás chargez.
Nous auons tresexpressément deffendu
& deffendós à tous lesdits charpentiers
de prendre aucuns coipeaulx du boys
qui leur sera baillé & deliuré pour ladite cóstruction ou radoub de nauire, encores qu’ils leur fussent donnez par celuy ou ceulx qui feront faire ladite cóstruction ou radoub. Et ce souz peine
tát à celuy qui les prédra, qu’à celuy qui
les dónera, de cent liures tournois d’a-
mende: à applicquer comme dessus, & à
tenir prison fermée iusques au plain
payement: nonobstant l’appel, & sans
preiudice d’iceluy.

Et pour ce que de nuict y a certains
larrons qui vont coupper les cables &
C iij

amares dõt font tenuz & attachez noz
nauires & ceulx de noz fubiectz, es
portz & haures, qui eft caufe que fouuent plufieurs defdits nauires fe rom-
pent & perdent le long des kays, chofe
que l'on ne peult defcouurir, & fçauoir
dont cela procede : Par ce qu'il y a des
defileurs de cordage, qui promptement
mettent lefdits cables & amares en e-
ftouppe pour calfater nauires, ou bien
le defilant pour en faire autre cordage.

A cefte caufe pour pouruoir à telz
abuz tant perniticux & dommagea-
bles, nous auons ordonné & ordonnons, que nul ne pourra cy apres faire
eftouppe de vieil cordage, fans auoir
premierement en la prefence du Controlleur de la matine ou fes commis, ou
autres qui à ce feront commis par no-
ftredit Admiral, fait poifer ledit cordage. Er fi toft qu'il fera changé & mué
en autre qualité, il fera encores en fem-
blable poifé derechef és prefence des

esusdits ou l'vn d'eux, afin de sçauoir
dont sera venu ledit cordage, sur peine
de confiscation d'iceluy cordage & e-
stouppes dont ils seront trouuez saisis:
& de cinquante liures tournois d'amé-
de, à applicquer comme dessus.

Item pour ce qu'il est à considerer que
ayant par nous ou autre de noz subiects
armé vn, deux, ou plusieurs nauires en
guerre pour cercher l'aduenture de
profiter sur l'ennemy, l'on ne peult de
moins faire que descouurant nauire à
veuë ou plus pres, que de courir apres,
pour sçauoir s'il est amy ou ennemy : &
de luy faire commandement d'amener
sa voille pour voir sa chartre partie.
Pour ce que par la façon des nauires lon
ne peult cognoistre s'il est amy & ennemy : au moyen de ce que la plusgrãd'
part des nauires desdits amys & alliez,
sont de mesme construction que ceulx
desdits ennemis. Aussi que bien souuent dedans lesdits nauires d'amys &

alliez, les marchandises qui y sont, en
appartiennent ausdicts ennemys : ou
bien il y a marchandises prohibées.

NOVS, afin d'esclaircir noz gens
& subiectz de ce qu'ils auront à faire en
ce que dessus, pour n'y faire faulte &
erreur dont ils puissent estre reprins,
Auons par ces presentes permis & permettons, voulons & nous plaist, que
tous nauires de guerre de nous & de
nosdits subiectz, descouurant à veuë
ou plus pres, autres nauires soient d'a-
mys, alliez, ou d'autres, pourront courir apres & les semondre d'amener leurs
voilles. Et estants de ce refusans apres
ceste semonce, leur tirer artillérie iusques à les contraindre par force. En
quoy faisant venant au combat par la
temerité ou opiniatreté de ceulx qui
seront dedans lesdits nauires, & là dessus estants prinses, Nous voulons &
entendons la prinse estre dite & decla-
rée bonne. Et au contraire là ou lesdits

dits nauires & la deſſuſdite ſemonce a-
menent liberalement ſans aucune reſi-
ſtence leurſdites voilles, & monſtrent
leurs chartres parties, & recognoiſſan-
ce auſdits nauires de guerre, il ne leur
ſera fait aucun tort, mais ſi le capitaine
d'iceluy nauire de guerre ou ceulx de
ſon equippage, luy robent aucune cho-
ſe, ils ſeront tenuz enſemblement &
l'vn ſeul pour le tout, à la reſtitution
entiere, & auec ce condamnez reau-
ment & de fait : & executez à la mort
& ſupplice de la roë, nonobſtant l'appel.

Et pour autant que nous auons con-
ſequemment eſté aduertis des larçins
qui ſe commettent chacun iour à l'artillerie de fer batu, & à la ferrure de celle de brunze, à raiſon de ce que les ma-
reſchaux prennét de toute ſorte de fer,
de quelque lieu & endroict qu'il leur
vienne, ſans autrement s'en enquerir
ny en faire difficulté, deſguyſant ledit

D

fer comme ils veulent, selon la façon
qu'ils luy baillent pour retenir ledit fer
battu, dont nous faisons faire des pieces
toutes d'vn calibre, lesquelles les mariniers, canonniers ou autres, changent
& desrobent, & en baillent d'autre en
leur lieu, qui n'est de semblable valeur
& vente: ou bien ayans desrobé des fer-
rures & cheuilles, il les vendent ausdits
mareschaulx.   A ceste cause pour obuier à telz abuz, larçins & desguiseméts,
Nous auons pareillement ordonné &
ordonnós, que nul mareschal ne pourra commuer ne changer le viel fer d'autre façon, sans premieremét le faire sca-
uoir au Commissaire de l'artillerie de la
marine, & controlleur d'icelle, ou leurs
commis, sur peine de confiscation dudit fer, & de cent liures d'amende, à applicquer moictié à l'accusateur, & l'autre moictié à qui il appartiendra : & tenir prison fermée iusques au plain payement : nonobstant l'appel & sans pre-

iudice d'iceluy.

Et au surplus demoureront les articles desdites anciennes & modernes ordonnances de nostre marine & admirauté, ausquels par ces presentes n'a riens esté innoué, chágé, ne immué, en leur force & vertu: sans ce qu'il soit besoing cy autrement les exprimer ne declarer.

SI DONNONS en mandement à noz amez & feaux les gés de noz Courts de Parlement, nostre Admiral, son Visadmiral, aux Iuges, officiers de l'admirauté, capitaines, chefz, & códucteurs, tant de noz nauires & vaisseaux, que de ceulx de noz subiectz. Et à tous autres iusticiers & officiers, & chacun d'eulx endroict soy, & si comme à luy appartiendra, que le contenu en ces presentes noz ordonnances, & selon qu'il est porté par les articles dessus transcripts, ils entretienent, gardent, & obseruent, facent de poinct en poinct inuiolablement entretenir garder & obseruer, li-

D ij

re, publier, & enregiftrer, fans faire al-
ler ne venir, ne fouffrir eftre allé ne venu directement ou indirectement au
contraire, en quelque maniere que fe
foit, fouz les peines cy deffus indictes,
que nous voulons eftre practiquées &
obferuées contre les contreuenâts, ainfi
que plus à plain eft contenu cy deffus:
Car tel eft noftre plaifir, nonobftant
quelsconques autres Ordonnances &
Edicts concernans le fait de noftre marine, reftrinctions, mandements ou de-
fenfes à ce contraires. Et afin que ce foit
chofe ferme & ftable à toufiours, Nous
auons fait mettre noftre feel à cefdites
prefentes fauf en autres chofes noftre
droict, & l'autruy en toutes. Donné à
fainct Germain en laye au mois de Septembre, L'an de grace mil cinq cens
cinquante cinq. Et de noftre regne le
neufiefme.

Signé,   HENRY.
Et à cofté Vifa vn paraphe. Et plus bas,

¶ Par le Roy estant en son Conseil,

DVTHIER.

Et seellées de cire verd, sur lacs de soye
rouge & verd.

Et plus bas,

Lecta, publicata, & registrata audito pro-
curatore generali, & de expressissimo manda-
to regis, sub modificationibus contentis in re-
gistro Rothomagi in Parlamento vicesima die
Iulij Anno domini millesimo quingentesimo
quinquagesimo septimo.

Signé   DV MOVCHEL.   *vn paraphe.*

DV MARDY VINGTIEME

iour de Iuillet L'an mil cinq cens cinquan-te sept, A Rouen en la Court de Parlement.

APRES lecture iudiciai-rement faite des Lettres patentes Edict & Ordō-nances faites par le Roy à sainct Germain en laye au moys de Septembre l'an mil cinq cens cinquante cinq, sur le fait de l'admirauté & marine. Et que Pe-ricart pour le Procureur general du Roy a requis & attendu le tresexpres cōman-demét du Roy plusieurs foys reiteré, e-stre mis Lecta publicata & registrata en la marge & bas desdites Lettres patétes.

LA COVRT a ordonné & ordon-ne qu'en la marge de bas des Lettres pa-

rentes, Edict & Ordonnances du Roy
sur le fait de l'admirauté & marine pre-
sentemét leuës, sera mis & escript Lecta,
publicata, & registrata audito Procura-
rore generali, & de expressissimo máda-
to Regis, sub modificationibus contentis in registro, C'est à sçauoir pour le re-
gard des premier & vnziéme Articles,
que les compagnós & mercennaires qui
seront louez és nauires marchands non
equippez en guerre, serót punys de peine arbitraire seulemét: sinó qu'ils fissent
coustume de tromper les marchá ds par
malice & dol euident. A la charge aussi
que les Iuges de l'admirauté serót tenuz
appeller aux iugements des procez qui
se ferót suyuát lesdits premier & vnziéme articles, six notables personnages de
conseil, qui feront venir par deuát eulx
les prisóniers, & les oyrót par leur bouche, & signeront le dictum auec le Iuge.
Lesquels iugements ne serót censez, ne
reputez concluds ne arrestez, sinó qu'il

passe de deux opinions pour le mof=
suyuant l'ordónance. Et pour le regar=
des troisiefme article, par ce que ce fe=
aux charges aufquelles l'Admiral eft te=
nu par le vingthuictiéme article des or=
donnances de l'an mil cinq cens quará=
te trois. Pareillement que nonobftant
le cótenu au cinqiéme article, les vingt-
quatre heures de refcouffe demeurerót
& aurót lieu, fuyuant les anciennes or=
donnáces. Et quant au feptiéme article
que les Maiftres iurez du meftier de
charpentier & calfateur efliront pour
trois ans gardes vifiteurs, & de trois ans
en trois ans en feront nouuelle electió;
lefquelz gardes efleuz feront tenuz pró=
ptement vifiter quant ils feront à ce ap-
pellez, fans faire retarder le partement
des nauires, ne pour en demander plus
grand falaire qu'il eft contenu audit ar=
ticle.

F I N.